AF355662

EDICT DV ROY,
sur le faict des duels & rencontres.

Publié en Parlement le 24. Mars mil six cens vingt-six.

A PARIS,

Par P. METTAYER, A. ESTIENE, &
C. PREVOST, Imprimeurs &
Libraires ordinaires du Roy.

M. DC XXVII.

Auec Priuilege de sa Majesté.

(6)

OVIS par la grace de Dieu Roy
de France & de Nauarre, A tous
preſens & à venir, Salut. Comme
il n'y a rien qui viole plus ſacrile-
gement la loy de Dieu que la rage
effrenée des duels, ny qui ſoit plus
contraire à la conſeruation & au-
gmentation de noſtre Eſtat, en ce
qu'il ſe perd par cette fureur grãd
nombre de Nobleſſe, qui en eſt vne des principales
colomnes : Auſſi Nous auons iuſques icy recherché
tous les moyens à Nous poſſibles pour en arreſter le
cours par la terreur des peines rigoureuſes, & chaſti-
mens exemplaires, impoſez à ce crime par nos precedens Ediɗs : Mais d'autant que la qualité deſdites
peines eſt telle qu'aucuns de ceux qui ont l'honneur
d'approcher prés de noſtre perſonne, ont pris ſouuent
la liberté de nous importuner pour en moderer la rigueur en diuerſes occaſions : Ce qui a faiɗ que les
coulpables qui ont par cette faueur & conſideration
obtenu ſur ce nos Lettres d'abolition, ſont demeurez
impunis contre noſtre intention : & que d'ailleurs par
la conceſſion de ces premieres graces particulieres
nous auons eſté n'agueres d'autant plus obligez de deferer à l'inſtante priere qui nous en a eſté faiɗe de la
part de noſtre tres-chere & bien amee ſœur, la Royne
de la grande Bretagne, ſur le point & en conſideration
de ſon mariage, & des graces, allegreſſes & contente-
ment public qu'en ont deu receuoir tous les peuples
de nos Royaumes, d'accorder vne abolition generale
de tous leſdits crimes pour le paſſé. Deſirant remedier
& pouruoir de nouueau à ce que telles fautes ne ſe

A ij

commettent cy aprés sur l'esperance d'impunité, &
mesme preuenir & empescher la licence & l'effect de
toutes les prieres ou importunitez qui nous pourroiét
estre faictes pour exempter les coulpables du chasti-
ment qu'ils auront merité, Nous sans reuoquer nos
precedens Edicts pour l'aduenir, Auons aduisé & re-
solu d'establir & imposer nouuelles peines, d'autant
plus conuenables aux fins que nous nous proposons,
qu'estans moins rigoureuses il sera moins loisible de
nous requerir & importuner pour en deschargerles
coulpables, qui n'en pourront iamais estre dispensez
pour quelque cause & par quelque voye que ce puisse
estre.

I.

A ces causes de l'aduis de la Royne nostre tres hono-
ree Dame & Mere, nostre tres-cher & bien amé Frere
le Duc d'Anjou, Princes de nostre Sang, autres Prnces
Officiers de nostre Couronne, & autres principaux de
nostre Conseil, Nous auons en la faueur & considera-
tion de nostre tres-chere & bien amee sœur la Royne
de la grande Bretagne, remis, quitté, pardonné & abo-
ly: remettons, quittons, pardonnons & abolissons, les
cas & crimes commis par cy-deuant contre nosdicts
Edicts des Duels & rencontres: Remettons les coulpables en leur bonne fame & renommee, & en leurs
biens, mesmes ceux ou heritiers d'iceux contre les-
quels seroient interuenus Arrests de condamnation en
nos Cours Souueraines par defauts & contumaces: &
imposons sur ce silence perpetuel à nos Procureurs
Generaux, leurs Substituts, & tous autres, sans preiudice toutesfois des dons par nous faicts des confisca-
tions à nous acquises. & à la charge que ceux qui s'e-
stans battus aurót tué, & sont encore à present viuans
feront tenus de prendre Lettres particulieres d'aboli
tion de Nous, les faire enregistrer en nos Parlemens.

& de satisfaire aux parties ciuiles, s'il y eschet. Ordonnons que tous ceux qui tomberont à l'aduenir dans ce
crime soient appellans, ou appellez, nonobstant quelques Lettres de grace, ou pardons qu'ils puissent obtenir de Nous par surprise, ou autrement, demeureront
deslors priuez de toutes leurs charges, s'ils en ont, ausquelles à l'instant sera par nous pouruen, & pareillement descheus de toutes pensions, & autres graces
qu'ils tiendront de nous, sans esperance de les recou-
urer iamais, & qu'en outre ils seront punis selon la rigueur de nos Edicts precedens, ainsi que les Iuges ver-
ront que l'atrocité des crimes & circonstances d'iceux
le pourront meriter : laissant à la religion de nosdicts
Iuges d'infliger plus grandes peines selon qu'ils iugeront en leurs consciences, sans neantmoins que la mo-
deration des peines cy apres exprimees, se puisse esten-
dre sur ceux qui contreuenans à cet Edict auront tué,
auquel cas nous entendons que la rigueur de nos precedens Edicts ait lieu.

II.

Et en cas que ceux qui nous auront contraints de
les priuer de leurs charges s'en ressentent enuers ceux
que nous en aurons pourueus, & les appellent, ou exci-
tent au combat, soit par eux-mesmes, ou par autruy,
par rencontre, ou autrement, Nous voulons que telles
gens, & ceux dont ils se seruent soient dégradez de
Noblesse, declarez infames, & punis de mort, sans pouuoir iamais estre releuez desdites peines par aucunes
de nos Lettres, ausquelles nous defendons tres expres-
sément à nos Officiers d'auoir esgard, si tant est que
par surprise, ou autrement ils vinssent à en obtenir.

III.

Voulons aussi que le tiers des biens des appellans &
appellez demeure confisqué, moitié aux Hospitaux qui
seront establis dans les Prouinces pour les soldats estro-

piez, dont nous chargeons nos Procureurs Generaux, leurs Subſtituts, & tous ceux qui auront charge de l'ad-miniſtration deſdits Hoſpitaux, de faire ſoigneuſe re-cherche & pourſuitte, à peine d'en reſpondre en leur nom: en conſideration dequoy, Nous ordonnons que leur action dure pour le temps & eſpace de vingt ans, quand meſme ils ne feroient aucune pourſuitte qui la peut proroger, & l'autre moitié applicable à nous pour en diſpoſer, ſoit en faueur deſdits Hoſpitaux, ou autre-ment, ainſi que nous verrons bon eſtre, le quart de no-ſtredit demy tiers prealablement pris pour les dela-teurs : Et au cas que leſdits coulpables fuſſent trouuez dans noſtre Royaume pendant les trois ans de leur banniſſement, Nous voulons qu'vn autre tiers de leur bien ſoit pareillement confiſqué pour la ſuſdite con-trauention & infraction de leur ban, applicable com-me deſſus, moitié à nous, & l'autre moitié auſdits Hoſ-pitaux , le quart du premier demy tiers prealablement pris pour les delateurs, & qu'en outre à la diligence de nos Procureurs Generaux , ou leurs Subſtituts ſur la premiere delation qui leur en ſera faite, ou aduis à eux donné deſdites infractions de ban, les coulpables ſoiét mis & retenus priſonniers iuſques à la fin dudict ban-niſſement: enioignant pour cét effect aux Gouuer-neurs, Lieutenans Generaux, Baillifs, Seneſchaux, Gou-uerneurs particuliers de nos villes , & Preuoſts des Mareſchaux , de leur donner main forte à l'execution de ce que deſſus, toutesfois & quantes qu'ils en ſeront requis.

I V.

Et bien que les appellans & appellez eſdits Duels ſoiét tous coulpables, celuy qui prouoque eſtant prin-cipal autheur du crime de tous les deux, Nous vou-lons qu'outre les peines cy-deſſus ſpecifiees, tout ap-pellant ait trois ans de banniſſement, & qu'au lieu

d'vn tiers de ſon bien, il en perde la moitié, applicable
comme deſſus, ſans preiudice auſſi de plus grande peine, ſi nos Iuges ordinaires iugent l'atrocité du cas le
meriter.

V.

Et pource qu'il eſt diuerſes fois arriué qu'aucuns
pour euiter la rigueur des peines que nos Edicts im-
poſent à tels crimes, ont recherché l'occaſion de ſe
rencontrer pour couurir le deſſein premedité qu'ils
auoient de ſe battre, Nous voulons & ordonnons que
ſi ceux qui auront eu querelle, differens, ou pretenduë
offenſé de part & d'autre, viennent à ſe rencontrer, &
ſe battre ſeuls, ou en pareil eſtat, & nombre de part &
d'autre, à pied ou à cheual, l'agreſſeur ſoit ſubiet aux
meſmes peines & rigueurs, tant de noſtre preſent Edict
que des precedens, encores que d'ailleurs il ne fut pas
verifié que ſon deſſein fut premedité: & où l'agreſſion
ne ſe pourra prouuer, Nous entendons que leſdictes
deux parties ſoient eſgalement chaſtiees, ſauf s'il arriuoit combat en d'autres rencontres de nombre ineſgal,
& ſans precedente aigreur, à proceder contre les ſeuls
agreſſeurs & coulpables, & les punir par les voyes ordinaires.

VI.

D'autant auſſi qu'il s'eſt trouué d'autres nos ſubiets
qui ayans pris querelles en noſtredit Royaume, & s'e-
ſtans donnez rendez-vous pour ſe battre hors, ou ſur
les frontieres d'iceluy, ont eſtimé par ce moyen pouuoir eluder l'authorité de nos Edicts, Nous voulons
que ceux qui tomberont en telles fautes ſoient pour-
ſuiuis, tant en leurs biens, durant leur abſence, qu'en
leurs perſonnes, apres leur retour, tout ainſi, & en la
meſme ſorte que ceux qui contreuiendront à ce noſtre
preſent Edict, ſans ſortir de noſtre Royaume, les iu-
geans meſme plus puniſſables en ce que le temps qu'ils

prennent, leur donnant lieu de cognoiſtre leur faute, la
ſurpriſe , & les premiers mouuemens qu'on a dans la
chaleur d'vne offenſe fraiſchement receuë ne les peut
excuſer.

VII.

Et quoy que nous eſtimions que la publication de
ceſtuy noſtre preſent Edict, que nous voulons à l'aduenir eſtre inuiolable , empeſchera tous nos ſubjects de
tomber és fautes, contre leſquelles il eſt faict: ſi toutesfois il arriuoit qu'ils fuſſent ſi miſerables que de ne s'en
abſtenir pas, & que non contens de commettre tels crimes ſi enormes deuant Dieu & les hommes, ils y atti-
raſſent & engageaſſent encores d'autres perſonnes, dõt
ils ſe ſeruiroient pour ſeconds, tiers, ou autre plus grãd
nombre, ce qui ne peut eſtre fait par aucuns, que pour
chercher laſchement dans l'adreſſe, ou le courage & ſe-
cours d'vn tiers, la ſeureté de leurs perſonnes , qu'ils
veulent expoſer par vanité contre leur deuoir, ſous ceſte ſeule confiance: Nous voulons que ceux qui ſe ren-
dront coulpables à l'aduenir d'vne telle, & ſi criminelle
laſcheté, ſoient irremiſſiblement punis de mort, ſuiuaht
la rigueur de nos premiers Edicts , & dés à preſent declarons les appellans & appellez qui ſe ſeruiront deſdits
ſeconds, tiers, ou autres, ignobles, eux & leur poſterité
décheus de toute Nobleſſe , & incapables de toutes
charges pour iamais, ſans que nous, ny nos ſucceſſeurs
les puiſſent reſtablir, & leur oſter la note d'infamie, que
iuſtement ils auront encouruë, tant par l'infraction de
nos Edicts , que par leur laſcheté : Nonobſtant toutes
lettres de grace & de remiſſion qu'ils puiſſent obtenir
de nous au contraire, par ſurpriſe, ou autrement: leſdits
ſeconds, ou tiers, neantmoins demeurans ſeulemét ſub-
jets aux meſmes peines des appellez, ſinon qu'eux mé-
mes euſſent fait l'appel, auquel cas ils ſeront punis des
peines portee par ce preſent Edict cõtre les appellãs

VIII. Nous

VIII.

Nous voulons en outre, & ordonnons que ceux qui poſſedent des biens à vie ſeulement ſans aucun droict de proprieté, ſoient pour l'infraction du preſent Edict, outre les peines de ban portees cy deſſus, au moins priuez pour cinq ans des deux tiers de leur reuenu, applicable moitié auſdits Hoſpitaux, & moitié aux autres œuures pies, ſelon noſtre diſpoſition ſans preiudice de plus grandes peines, ſi les cas le meritent.

IX.

Que tous les enfans de famille qui ſeront conuaincus de telles fautes outre les peines de priuation de toutes les charges, penſions & incapacité d'en tenir à l'aduenir, au lieu de trois ans de banniſſement portez cy deſſus, ſoient retenus autant de temps eſtroitement priſonniers.

X.

Et afin que noſtre preſent Edict ſoit plus inuiolablement obſerué, Nous voulons que la mort ſoit irremiſſiblement infligee à tous ceux qui pour la ſeconde fois viendront à le violer, comme appellans, de quelque qualité & condition qu'ils puiſſent eſtre.

XI.

Or bien que les crimes ſuſdits ſoient deteſtables en toutes ſortes de perſonnes, y en ayans neantmoins auſquels par diuerſes conſiderations ils ſont plus horribles, & requierent par conſequent vne particuliere, & plus grande peine que les autres, comme és perſonnes qui les commettent enuers ceux qui les ont nourris & eſleuez, qui ont eſté leurs Tuteurs, qui ſont leurs Seigneurs de fief, qui ont eſté leurs Chefs, & leur ont commandé, & ſpecialement quand leurs querelles naiſſent pour des ſujets de commandement, chaſtiment, ou autre action paſſee durant qu'ils auront eſté ſoubs leur charge, Nous voulons & ordonnons que les coulpa-

B

bles defdits crimes foient fans diminution des peines cy-deffus, punis en outre en leurs perfonnes, fuiuant la rigueur de nos Ordonnances & precedens Edicts.

XII.

Et s'il arriue qu'il y ayt eu appel, duel, ou combat, Nous voulons que la cognoiffance & iugement en appartienne à nos Cours de Parlement, pour ce qui fera arriué és Villes où elles font fceantes, aux enuirons d'icelles, ou bien plus loin entre perfonnes de telle qualité & importance qu'ils iugent y deuoir interpofer leur authorité, & hors ces cas à nos Iuges ordinaires à la charge de l'appel : Auec defenfes à noftre grand Preuoft, fes Lieutenans & tous autres nos Preuofts, Lieutenans de robbe courte, & autres Iuges extraordinaires d'en cognoiftre, quelque attribution ou addreffe qui leur en peuft eftre faicte, declarant dés à prefent telles procedures, nulles, & de nul effect.

XIII.

Or parce que ce n'eft rien de faire des Loix, fi on ne les faict religieufement, & inuiolablement obferuer, pour rendre les peines fpecifiees par le prefent Edict plus certaines & ineuitables, & ofter toute efperance de grace & de faueur, Nous declarons deuant Dieu & les hommes, à la defcharge de noftre confcience, que nous auons folemnellement promis qu'encores que pour autres confiderations, ou par importunité, nous nous peuffions cy deuant eftre relafchez en quelques occafions particulieres, de remettre les peines de nos Edicts precedens, Nous n'accorderons iamais fciemment aucunes lettres pour remettre celles du prefent Edict, que nous auons faict iurer en nos mains aux Secretaires de nos commandemens de n'en figner aucunes, & à noftre tres-cher & feal Chancelier de n'en point feeller, quelque expreffe inionction, ou commandement qu'ils en puiffent receuoir de noftre part:

ſans refuſer abſolument tous ceux qui pourſuiuront
telles graces, nonobſtant qu'ils expoſent les faits comme douteux, & les déguiſent pour les faire paroiſtre
rencontre inopinée. Que nous tiendrons nos Conſeillers pour preuaricateurs, ſi iamais ils conſentent au
contraire, & manquent à nous aduertir en gens de
bien de ce à quoy nous nous obligeons par le preſent
Edict: Que nous auons defendu & defendons à toutes
perſonnes de quelque qualité & condition qu'elles
ſoient, de nous faire aucune priere au contraire, en declarant infracteurs de nos Loix, ennemis de noſtre re-
putation, & indignes de noſtre bonne grace, tous ceux
qui mediatement, ou immediatement l'oſeroient en-
treprendre. Et pour empeſcher que les coulpables ne
reçoiuent aucune faueur, ou aſſiſtance, nous defendons
à toutes perſonnes de quelque condition qu'elles puiſſent eſtre, de donner retraicte aux contreuenans à ce
preſent Edict, à peine d'eſtre bannis pour vn an de noſtre Cour: Et partant, ſi aucunes Lettres contraires ſe
trouuoient cy apres expediees, pour quelque cauſe, &
ſous quelque pretexte que ce ſoit, nous voulons qu'elles ſoient nulles, & de nul effect, comme donnees par
ſurpriſe, contre noſtre intention & noſtre foy: Faiſans
tres-expreſſes defenſes à tous nos Iuges & Officiers
auſquels elles ſeroient addreſſees, d'y auoir aucun eſ-
gard, ſur les meſmes peines que deſſus.

<h3 style="text-align:center">XIV.</h3>

Et d'autant que quelques vns ſe voyans appellez ſe
pourroient engager au combat, non par ſeule fureur &
paſſion brutale, comme il arriue ſouuent, mais par la
crainte d'eſtre ſoupçonnez de manquer de valeur & de
courage s'ils refuſoient d'y aller: pour leuer ceſte vaine
apprehenſion, & en outre recompenſer le merite & ſa-
geſſe de ceux qui conduits par la raiſon, par l'amour &
crainte de Dieu, ou par vn deſir religieux d'obeyr à

nos Loix, refuferont le duel eftans appellez. & fe referueront à employer leur courage aux occafions legitimes qui le peuuent requerir, pour le bien de noftre feruice, & l'aduátage de noftre Eftat, Nous declarons que nous reputons & reputerons toufiours tels refus pour marques, & tefmoignage d'vne valeur bien conduite, digne d'eftre employee par nous aux charges militaires & plus honorables & importantes : Comme nous promettons & iurons deuant Dieu de les en gratifier tres volontiers, quand les occafions s'en offriront.

X V.

Et afin que ceux qui font offenfez, ou croyent l'eftre, ne fe laiffent tranfporter à la fureur de ce crime, fous couleur de ne pouuoir retirer fatisfaction des iniures qu'ils pretendroient auoir receuës : Nous enioignons aux Officiers de noftre Couronne qui fe trouueront plus proches de l'offençant, & aux Gouuerneurs & Lieutenans Generaux de nos Prouinces, Capitaines & Gouuerneurs particuliers de nos Villes & Chafteaux, que dans l'eftenduë de leurs charges, fur les aduis qu'ils auront des differens furuenus entre ceux qui y font profeffion des armes, ou fur les plaintes qui leur feront faites par les offenfez, ils mandent & facent venir auffi toft deuant eux les offenfans, pour auec l'aduis de deux ou trois Gentils-hommes voifins, fages & bien fenfez, ordonner vne fatisfaction fi honorable à l'offenfé qu'il y ayt fujet d'en demeurer contant: eftant neceffaire pour empefcher l'infolence de ceux qui offenfent trop legerement, de les chaftier par des reparations auffi rigoureufes à ceux qui les font, qu'honorables à ceux qui les reçoiuent. Et au cas que l'vn ou l'autre ne vueille deferer à ce qui par eux aura efté arrefté, ils feront par nofdits Gouuerneurs, Lieutenans Generaux & Officiers fufdits, renuoyez pardeuant nos tres chers & bien-amez Coufins, les Conneftable & Ma-

13

reſchaux de France, eſtans prés noſtre perſonne, ou aux Prouinces dans leſquelles tels cas pourroient eſtre ar-riuez, Auſquels nous donnons de nouueau toute au-thorité de decider & iuger abſolument tous differens de ceſte nature ſur le poinct d'honneur, & reparation d'offenſe, ſoit qu'ils ſoient arriuez dans noſtre Cour, ou en quelqu'autre endroit de noſtre Royaume que ce puiſſe eſtre. Entendons toutesfois que pour les dif-ferens arriuez en noſtredite Cour & ſuitte, noſdicts Couſins les Conneſtable & Mareſchaux de France qui s'y trouuerront, en prennent les premiers cognoiſſan-ce, & pouruoyent ſelon l'ordre ſuſdit à tout ce qui ſera beſoin, ſans neantmoins que les offenſez, ou preten-dans l'eſtre, leſquels pour les reparations deſdites of-fenſes, ſoit à l'honneur, biens, ou autre intereſt, en vou-dront faire leur plainte & pourſuitte pardeuant nos Iuges ordinaires, en puiſſent eſtre empeſchez, ny ap-pellez pour ce à la requeſte des offenſans, deuant noſ-dits Couſins les Mareſchaux de France, Lieutenans, ou Gouuerneurs de nos Prouinces, deuant leſquels ils ſe-ront ſeulement tenus de reſpondre aux plaintes que l'on voudroit faire d'eux, ſans preiudice de leurs a-ctions iuridiques.

XVI.

Et au cas que leſdites parties offenſantes refuſent de ſubir le iugement deſdits Gouuerneurs de nos Prouin-ces & Villes, ou en leur abſence de leurs Lieutenans, Et que ſur ce elles ne ſe pouruoyent pas ſur le renuoy par-deuant nos Couſins les Conneſtable, & Mareſchaux de France : Nous enioignons auſdits Gouuerneurs & Lieutenans de les faire pourſuiure & apprehender par les Preuoſts de noſdicts Couſins, les Mareſchaux de France, & les contraindre par toutes voyes de ſubir le iugement qu'ils auront donné, voire meſme les mettre & retenir en priſon, iuſques à ce qu'elles y ayent ſatis-

faict, & les condamner à l'amende, & autres peines
qu'ils iugeront raisonnables pour la reparation de la
desobeissance, & du retardement.

XVII.

Et pour leur donner moyen de terminer facilement
tous differens de ceste nature, & de faire reparer toute
iniure, Nous nous obligeons d'accorder sur leurs aduis, tout ce que nostre conscience nous pourra permettre pour la satisfaction des offensez : Voulans que
tout ce qu'ils prononceront touchant le poinct d'honneur & reparation d'offense, soit si religieusement exe-
cuté de toutes parts, que si quelqu'vne des parties viét
à y manquer, outre les peines de prison, & autres qu'ils
leur pourront imposer, ils soient descheus des priuile-
ges de Noblesse. Enjoignans pour cét effect à nos Esleus, Officiers & Asseeurs des Tailles, de les compren-
dre au roolle d'icelles, & les taxer selon leurs facultez,
sans vser d'aucune conniuence, ny retardement, si tost
qu'ils auront veu les iugemens rendus par nosdicts
Cousins les Connestable & Mareschaux de France, &
autres de nos Gouuerneurs & Officiers cy dessus men-
tionnez : Sur peine ausdits Esleus & autres Officiers de
nosdites Tailles de priuation de leurs charges, & d'en
respondre en leur propre & priué nom le tout comme
dict est, sans preiudice des actions ciuiles que les vns &
les autres pourront auoir à intenter, ou poursuiure deuant les Iuges ordinaires, par l'ordre & les formes iuridiques. Lesquelles neantmoins nous exhortons nos-
dits Cousins & autres qui seront employez au iugement des querelles & offenses, de composer & accorder amiablement autant qu'il se pourra faire, pour oster
toute occasion au renouuellement des aigreurs & ani-
mositez qui produisent ces accidens funestes.

XVIII.

Et d'autant que par la negligence de nos Officiers

fuſdicts, leſquels nous voulons vacquer aſſiduëment à terminer les querelles qui naiſtront entre noſtre Nobleſſe, & autres gens faiſans profeſſion des armes, ou par la conniuence dont ils pourroient vſer pour fauoriſer l'vne des parties, il pourroit arriuer que noſtre intention n'auroit pas l'effect que nous deſirons, veu que l'execution d'icelle dépend de leur ſoin & de leur vigilance, Nous enjoignons, & tres-expreſſément commandons tant à tous noſdits Couſins les Conneſtable & Mareſchaux de France, que Gouuerneurs & Lieutenans generaux deſdites Prouinces, de tenir la main exactement & diligemment à l'obſeruation de noſtre preſent Edict, ſans permettre que par faueur, conniuence & autre voye, il y ſoit contreuenu en aucune ſorte & maniere.

Sɪ ᴅᴏɴɴᴏɴꜱ ᴇɴ ᴍᴀɴᴅᴇᴍᴇɴᴛ à nos amez & feaux Conſeillers les Gens tenans nos Cours de Parlemens, Baillifs, Seneſchaux, & autres nos Iuſticiers & Officiers qu'il appartiendra, que le contenu en ces preſentes, ils facent lire, publier & enregiſtrer, garder & obſeruer, gardent & obſeruent inuiolablement, & ſans l'enfraindre: Cᴀʀ tel eſt noſtre plaiſir. Et afin que ce ſoit choſe ferme & ſtable à touſiours, Nous auons ſigné ces preſentes de noſtre propre main, & à icelles fait mettre & appoſer noſtre ſeel, ſauf en autre choſe noſtre droict, & l'autruy en toutes. Dᴏɴɴᴇ́ à Paris au mois de Feurier l'an de grace mil ſix cens vingt-ſix. Et de noſtre regne le ſeiz ieſme. Signé, Lᴏᴠɪꜱ. Et plus bas, Par le Roy, ᴅᴇ Lᴏᴍᴇɴɪᴇ. Et à coſté, Vɪꜱᴀ. Et ſcellé du grand ſceau de cire verte, ſur lacs de ſoye rouge & verte. Et plus bas eſt eſcrit,

Leües, publiées & regiſtrees, ouy & ce requerant le Procureur General du Roy, pour eſtre exe-

cutées, gardées & obſeruées ſelon leur forme & te-
neur, & coppies collationnées d'icelles enuoyées
aux Bailliages & Seneſchauſſées de ce reſſort, pour
y eſtre pareillement leües, publiées, regiſtrées &
executées à la diligence des Subſtituts dudit Procureur general, auſquels enjoint d'y tenir la main,
& d'en certifier la Cour auoir ce faict au mois. A
Paris en Parlement le vingt-quatrieſme Mars
mil ſix cens vingt-ſix.

Signé,   DV TILLET.